BEI GRIN MACHT SICH IHR WISSEN BEZAHLT

AF154697

- Wir veröffentlichen Ihre Hausarbeit, Bachelor- und Masterarbeit

- Ihr eigenes eBook und Buch - weltweit in allen wichtigen Shops

- Verdienen Sie an jedem Verkauf

Jetzt bei www.GRIN.com hochladen und kostenlos publizieren

Bibliografische Information der Deutschen Nationalbibliothek:

Die Deutsche Bibliothek verzeichnet diese Publikation in der Deutschen National-bibliografie; detaillierte bibliografische Daten sind im Internet über http://dnb.d-nb.de/ abrufbar.

Impressum:

Copyright © 2015 GRIN Verlag, Open Publishing GmbH
Druck und Bindung: Books on Demand GmbH, Norderstedt Germany
ISBN: 978-3-656-89086-7

Dieses Buch bei GRIN:

http://www.grin.com/de/e-book/288188/europarecht-fuer-juristen-in-stichworten

Sabine Wittek

Europarecht für Juristen in Stichworten

GRIN Verlag

GRIN - Your knowledge has value

Der GRIN Verlag publiziert seit 1998 wissenschaftliche Arbeiten von Studenten, Hochschullehrern und anderen Akademikern als eBook und gedrucktes Buch. Die Verlagswebsite www.grin.com ist die ideale Plattform zur Veröffentlichung von Hausarbeiten, Abschlussarbeiten, wissenschaftlichen Aufsätzen, Dissertationen und Fachbüchern.

Besuchen Sie uns im Internet:

http://www.grin.com/

http://www.facebook.com/grincom

http://www.twitter.com/grin_com

Europarecht

Europa

Geht vermutlich auf das griech./semitische „ereb" (=dunkel) zurück. Europa ist demnach das Abendland gegenüber dem Morgenland Asien.

Alternativ: „europa" (gr.) =weithin blickend

Asien

Der Name Asien stammt vermutlich von dem assyrischen Wort „acu" (=Sonnenaufgang). Asien ist demnach das Morgenland.

Europaflagge

Sie ist ein Symbol nicht nur für die Europäische Union, sondern auch für die Einheit und in einem weiteren Sinne für die Identität Europas. Der Kreis der goldenen Sterne steht für Solidarität und Harmonie zwischen den europäischen Völkern.

Die Zahl der Sterne hat nichts mit der Anzahl der Mitgliedsstaaten zu tun. Es gibt zwölf Sterne, weil die zwölf traditionell das Symbol der Vollkommenheit, Vollständigkeit und Einheit ist. Die Flagge wird folglich ungeachtet künftiger Erweiterungen der Union unverändert bleiben.

Europa hat sechs Gründerstaaten.

Europahymne

Symbolik der Europahymne: Dies ist die Hymne nicht nur der Europäischen Union, sondern Europas in einem weiteren Sinne. Die Melodie ist der Neunten Symphonie Ludwig van Beethovens von 1823 entnommen. Mit dem letzten Satz dieser Symphonie vertonte Beethoven die "Ode an die Freude" von Friedrich von Schiller aus dem Jahr 1785. Dieses Gedicht entsprang Schillers idealistischer Vision der Menschen, die zu Brüdern werden - einer Vision, die Beethoven teilte.

Europa a la Carte

jeder Mitgliedsstaat hat die freie Entscheidung, an welchen Bereichen der Gemeinschaftspolitik es sich beteiligen will.

Recht: Gesamtheit aller Vorschriften (Normen), die das Verhältnis der Menschen zueinander sowie zu übergeordneten Hoheitsträgern regeln

Objektives Recht: eine Rechtsordnung, d.h. Gesamtheit aller Rechtsvorschriften, durch die das Verhältnis der Menschen zueinander sowie zu übergeordneten Hoheitsträgern geregelt ist.

Subjektives Recht: eine Befugnis, die sich für den Berechtigten aus dem objektiven Recht unmittelbar ergibt („gesetzliches Recht") oder auf Grund des objektiven Rechts erworben wird („erworbenes Recht")

Internationales Recht: auf dem Gebiet des Zivilrechts in erster Linie das internationale Privatrecht, also die Rechtsnormen, die bei über ein Land hinausgreifenden Tatbeständen die anwendbare Rechtsordnung bestimmen darüber hinaus auch das supranationale Recht, d.h. die von übernationalen Instanzen (Supranationale Organisationen, Internationale Organisationen) für mehrere Staaten einheitlich (z.B. von der Organisation der EG)erlassen wird, gelegentlich auch Völkerrecht schließlich auch das Recht, das durch Ratifikation vorher abgeschlossener Verträge in mehreren Staaten mit gleichem Wortlaut gilt.

Europarecht:
objektives Recht, das nur spezifisch im europäischen Raum gilt, d.h. die Summe der dort wirksamen, zwischenstaatlichen - nicht nationalen- Normen. Sammelbegriff, keine geschlossene Kodifikation (Zusammenfassung von Normen eines Rechtsgebiets) wie etwa das BGB, sondern Oberbegriff für Normen, die europaweit gelten diese Normen sind meist Teil von internationalen Verträgen (internationale Verträge sind die Grundlage!) zwischen Staaten oder von Staaten mit einer internationalen Organisation, wie z.B. der EU ein internationales Recht, weil es die rechtlichen - nicht politischen (!)- Beziehungen & Bindungen zwischen den europäischen Staaten regelt ist abzugrenzen vom nationalen, nur innerstaatlich wirksamen Recht; nationales Recht gilt im Grundsatz nur im Hoheitsbereich des jeweiligen Staates, also innerhalb einer Staatengrenze der praktisch wichtigste Teil umfasst die Gründungsverträge & Rechtsakte der europäischen Gemeinschaft, sowie den sie umschließenden Maastrichter Unionsvertrag

Die Stellung des Europarechts

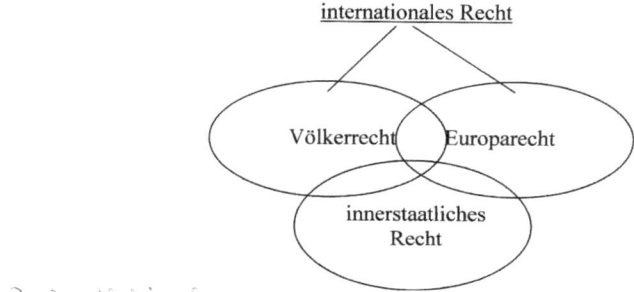

Vom Grundgesetz zum Europarecht

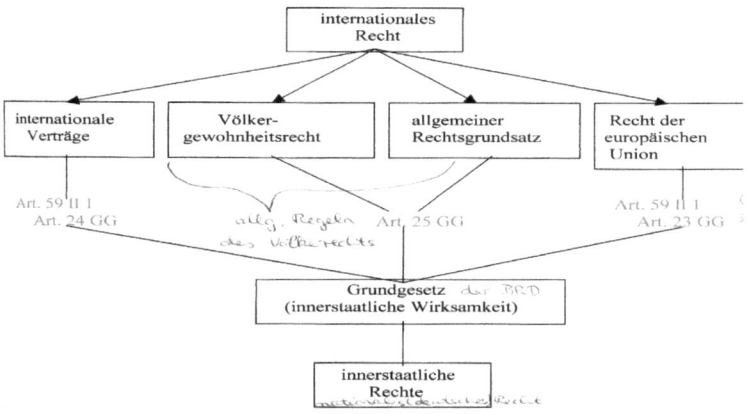

Ratifikation: Ratifikationsklausel in völkerrechtlichen Verträgen, d.h. der Bundespräsident als Staatsoberhaupt muss die Ratifikationsurkunde unterzeichnen, damit ein Vertrag verbindlich wird.

OEEC Organisation for European Economic Cooperation

Organisation die in der Lage sein sollte, zentral die amerikanische Wirtschaftshilfe für Europa (Marshall- Plan) zu verteilen. In den fünfziger Jahren hat die OEEC ihr Arbeitsgebiet auf die Abschaffung von so genannten nichttarifären Handelshemmnissen verlegt, das sind insbesondere Mengenbeschränkungen beim Import und Export.

Tarifäre Handelshemmnisse, also Zölle, wurden dagegen damals nur durch das GATT (Allgemeine Zoll- und Handelsabkommen) geregelt.

OEEC wurde zum 1.1.1961 in die **OECD** umgebildet und rechtlich überführt. Die **OECD** ist für alle wirtschaftlichen und sozialen Gebiete beratend tätig.

Brüsseler Pakt (Westunion)

Ist ein Vertrag zur kollektiven Verteidigung der von Frankreich, GB und Benelux abgeschlossen worden ist. Dieser Vertrag hat eine Laufzeit von fünfzig Jahren.

Haager Kongress

750 Politiker aus fast allen europäischen Staaten nahmen im Mai 1948 am Haager-Kongress teil („Geburtsstunde der europäischen Einigungsbewegung") In seiner Resolution wurde ein geeignetes Instrument entwickelt.
Ziel war die Gründung eines Europarats.

Europarat (5.5.1949)   (S. 618)

Gegründet von 10 europäischen Staaten.
Aufgaben: Art. 1 EuRat (S. 619)
Der Europarat umfasst 40 Staaten mit Sitz in Straßburg.
Die Organe des Europarats setzen keine verbindlichen Rechtsnormen.
Konventionen z.B.: Europäische Menschenrechtskonvention, Bioethikkonvention, Europäische Sozialcharta, Konvention gegen Folter und entwürdigende Behandlung

EMRK (1950) Europäische Menschenrechtskonvention

(S. 631) Art.1 EMRK
Ein Europäischer Gerichtshof für Menschenrechte wurde gegründet.

Schuman – Plan

Deutschland und Frankreich sind davon betroffen. Kriegsrelevante Industrien (Stahl und Kohleindustrie) wurden unter eine Aufsichtsbehörde gestellt.

EGKS europäische Gemeinschaft für Kohle und Stahl (Gibt es nicht mehr, gab es bis vor fünf Jahren) (S.216)
Zweck: Art. 1 EGKS 4 (S.217)
Organe: Art. 7 EGKS 4 (S. 219)
Welche Staaten haben sie gegründet?

1. Belgien
2. Niederlande
3. Luxemburg
4. Frankreich
5. Deutschland
6. Italien

Es wird ein gemeinsamer Markt gebildet.

EVG-Vertrag

Aufstellung einer vereinigten europäischen Armee.

25.5.1952 unterzeichneten die Regierungen Belgiens, der BRD, Frankreich , Benelux und Italien den Vertrag.

Westeuropäische –Union

Ging 1954 aus den zur Verfügung gegen Deutschland entstanden „Brüsseler Pakt" (1948) hervor.

Aufgaben: primär die umfassende Beistandspflicht im Falle eines Angriffs auf Europa und die Wahrung des Friedens und der Sicherheit in Europa.

Konferenz von Messina

Auf der Konferenz der 6 Außenminister der Europäischen Gemeinschaft für Kohle und Stahl (EGKS) in Messina vom 1-2.6.1955 wurde beschlossen , nach dem Modell der Montanunion auch Verhandlungen über die Integration weiterer Sektoren zu beginnen. Daraus entstanden ausschließlich die 1957 unterzeichneten „ Römischen Verträge" zur Gründung der Europäischen Wirtschaftsgemeinschaft (EWG) und der Europäischen Atomgemeinschaft (EAG).

Römische Verträge

Angestoßen von den Verträgen von Messina.

Zwei Verträge:
- Gründungsverträge der europäischen Wirtschaftsgemeinschaft
- Europäische Atomgemeinschaft

25. März 1957 von Belgien, BRD, Frankreich , Italien und den Benelux unterzeichnet.

Europäische Atomgemeinschaft (S. 151-..... EUR)

Besitzt Rechtspersönlichkeit und Rechts- und Geschäftsfähigkeit

(Art. 184 u. 185 EAGV)

Sicherheitsüberwachung

(Art. 77-85 EAGV)

Eigentumsregelung

(Art. 86 EAGV / Art. 87)

Schaffung eines gemeinsamen Markt auf dem Kerngebiet.

Ziel des EWGV → Bildung einer Wirtschaftsgemeinschaft

Organe(Art. 7 EGV):

Parlament (Art. 189 EGV)

Rat (Art. 189 EGV)

Kommission (Art. 211 EGV)

Gerichtshof (Art. 220 EGV)

EP + EUGH seit 1.1.1958

Rat + Kommission seit 1.7.1976

EWG

Politisches Ziel des Vertrages : Schaffung einer politischen Union Art 2 EGV

Grundlage der EWG sind die Zollunion (Art. 23 EGV) mit einem gemeinsamen

Außenzolltarif, die 4 Freiheiten (Freier Warenverkehr, Freizügigkeit der Arbeitnehmer

und Niederlassungsrecht, Dienstleistungsfreiheit, sowie freier Kapitalverkehr)

Währungssystem

Ziel: Währungsschwankungen zu begrenzen und Stabilitätsanreize zu setzen.

Teilnehmende Währungen durften von einen festgesetzten Leitkurs in der Regel nur

um +/- 2,25% abweichen.

ECU

War eine fiktive Währung (Korbwährung) (Europäische Währungseinheit)

Europäischer Rat trat 1975 an die Stelle der Gipfelkonferenzen, nach dem die Staats- und Regierungschef am 9./10.12.1974 in Paris beschlossen hatten, dreimal jährlich und außerdem so oft wie möglich gemeinsam mit den Außenministern als Rat der Gemeinschaft zusammen zu treffen.

Phase der Stagnation (Eurosklerose)

Delor Bericht
Drei Stufen
1. Stufe: Kapitalverkehrsliberalisierung + verstärkte Koordination
2. Stufe: engere Koordinierung der Wirtschaftspolitik
3. Stufe: Europäische Zentralbank ging daraus hervor.

2. Prozess der Europäischen Integration und beteiligte Institutionen / Organisationen

1946: **Winston Churchill (Zürichrede)** Winston Churchill fordert in einer Rede an der Universität Zürich die Schaffung "einer Art Vereinigte Staaten von Europa".

1948: - Gründung der Organisation für europäische wirtschaftliche Zusammenarbeit **(OEEC)** zur Koordinierung des **Marshall-Plans**

1948: - Unterzeichnung des **Westunion-Vertrags (Brüsseler Pakt)** zwischen Belgien, Frankreich, Luxemburg, den Niederlanden und dem Vereinigten Königreich.

1948: - Der Koordinierungsausschuss für die europäische Einheit beruft den **Kongress von Den Haag** unter dem Vorsitz von **Winston Churchill** ein. Die 800 Delegierten fordern eine Europäische Beratende Versammlung und einen Europäischen Sonderrat zur Vorbereitung der politischen und wirtschaftlichen Integration der europäischen Staaten, die Verabschiedung einer Menschenrechtscharta und die Schaffung eines Gerichtshofs, um die Beachtung dieser Charta zu gewährleisten.

1949: - **Gründung des Europarates in London.** Frankreich, Großbritannien und die BeneluxStaaten beschließen die Einrichtung eines Europarates und bitten Dänemark, Irland, Italien, Norwegen und die Schweiz, bei der Erarbeitung des

Statuts mitzuwirken. Eine internationale Organisation mit Sitz umfasst in Straßburg, die 45 demokratische Staaten Europas

Europarat:

Aufgabe des Europarates: - Der Vertrag, der am 5. Mai 1949, vier Jahre nach dem Ende eines Krieges, der Europa zerrissen hat, unterzeichnet wurde, war ein Gründungsakt neuer Art. Er beschränkte sich nicht darauf, Freundschaftsbeziehungen, Interessengemeinschaften oder Allianzen zwischen den Vertragsparteien herzustellen; vielmehr sollten Werte und Grundsätze, denen die Vertragsparteien verpflichtet waren, durch eine internationale Organisation, die in der Lage sein sollte, die Entwicklung der Gesellschaft in Europa zu beeinflussen, geschützt und gefördert werden.

Zusammensetzung des Europarates: - 45 Mitgliedsstaaten.

Der **Europarat**, der am 5. Mai 1949 von 10 Ländern (Belgien, Dänemark, Frankreich, Irland, Italien, Luxemburg, Niederlande, Norwegen, Schweden, Vereinigtes Königreich) gegründet wurde und dem im August 1949 Griechenland und die Türkei beitraten, zählt heute" 45 Mitgliedstaaten: Island und Deutschland (1950), Österreich (1956), Zypern (1961), die Schweiz (1963), Malta (1965), Portugal (1976), Spanien (1977), Liechtenstein (1978), San Marino (1988), Finnland (1989), Ungarn (1990), Polen (1991), Bulgarien (1992), Estland, Litauen, Slowenien, Slowakische Republik, Tschechische Republik, Rumänien (1993), Andorra (1994), Lettland, Albanien, Moldawien, Ukraine, "die ehemalige jugoslawische Republik Mazedonien" (1995), Russische Föderation, Kroatien (1996), Georgien (1999), Armenien und Aserbaidschan (2001), Bosnien-Herzegowina (2002), Serbien und Montenegro (2003).

Der Europarat ist nicht mit der Europäischen Union zu verwechseln, einer völlig anders gearteten Organisation. Allerdings sind alle 15 Staaten der EU auch Mitglieder des Europarates.

- Januar 2001

Organe des Europarates: - Parlamentarische Versammlung, Europäische Kommission für Menschenrechte, Europäischer Gerichtshof für Menschenrechte, Europäische Menschenrechtskonvention.

Europäische Menschenrechtskonvention (EMRK):
Vertrag, durch den sich die Mitgliedsstaaten des Europarates verpflichten, die Grundfreiheiten und -rechte zu achten.

1950: Schumann - Plan:

In einer von Jean Monnet inspirierten Rede schlägt der französische Außenminister Robert Schuman vor, dass Deutschland und Frankreich sowie jedes weitere beitrittswillige europäische Land ihre Kohle- und Stahlindustrie gemeinsam verwalten ("Schuman-Erklärung").

1951: Europäische Gemeinschaft für Kohle und Stahl (EGKS): Unterzeichnung des Pariser Vertrages zur Gründung der Europäischen Gemeinschaft für Kohle und Stahl (EGKS) zwischen Belgien, der Bundesrepublik Deutschland, Frankreich, Italien, Luxemburg und den Niederlanden (die "Sechs").

Aufgaben der EGKS sowie ihrer Organe: Die Europäische Gemeinschaft für Kohle und Stahl ist dazu berufen, im Einklang mit der Gesamtwirtschaft der Mitgliedstaaten und auf der Grundlage eines gemeinsamen Marktes, wie er in Artikel 4 näher bestimmt ist, zur Ausweitung der Wirtschaft, zur Steigerung der Beschäftigung und zur Hebung der Lebenshaltung in den Mitgliedstaaten beizutragen.

Die Gemeinschaft hat in fortschreitender Entwicklung die Voraussetzungen zu schaffen, die von sich aus die rationellste Verteilung der Erzeugung auf dem höchsten Leistungsstand sichern; sie hat hierbei dafür zu sorgen, daß keine Unterbrechung in der Beschäftigung eintritt, und zu vermeiden, daß im Wirtschaftsleben der Mitgliedstaaten tiefgreifende und anhaltende Störungen hervorgerufen werden.

Organe der EGKS sowie deren Aufgaben: Die Organe der Gemeinschaft sind.
- die HOHE BEHÖRDE, im folgenden als „Kommission" bezeichnet;
- die GEMEINSAME VERSAMMLUNG, im folgenden als „Europäisches Parlament" bezeichnet;
- der BESONDERE MINISTERRAT, im folgenden als „Rat" bezeichnet; •
  der GERICHTSHOF;
- der RECHNUNGSHOF.

1952: Europäische Verteidigungsgemeinschaft (EVG - Vertrag): Unterzeichnung des Vertrags zur Gründung der Europäischen Verteidigungsgemeinschaft (EVG) zwischen den "Sechs" (Belgien, Deutschland, Frankreich, Italien, Luxemburg und die Niederlande) in Paris.

1954: Westeuropäische Union: Gemäß den Beschlüssen der Londoner Konferenz wird der Brüsseler Pakt in Paris erweitert und in die Westeuropäische Union (**WEU**) umgewandelt.

1955: Konferenz von Messina(1955) Auf der Konferenz von Messina beschließen die Außenminister der sechs EGKS-Länder, die europäische Integration auf die gesamte Wirtschaft auszudehnen.

1957: Europäische Wirtschaftsgemeinschaft (EWG) und Europäische Atomgemeinschaft (EAG): In Rom unterzeichnen die "Sechs" (Belgien, Deutschland, Frankreich, Italien, Luxemburg und die Niederlande) die Verträge zur Gründung der Europäischen Wirtschaftsgemeinschaft (EWG) und der Europäischen Atomgemeinschaft (Euratom), die als die "Römischen Verträge" bekannt geworden sind.

Aufgaben der EWG/EAG sowie ihrer Organe: Durch die EWG soll eine vollständige Wirtschaftsintegration erreicht werden. Die EURATOM dient der gemeinsamen Erforschung und friedlichen Nutzung der Kernenergie. Symbol der EWG werden die zwölf gelben Sterne auf blauem Grund. Sie ersetzen das Zeichen der Europabewegung, ein grünes "E" auf weißem Grund.

Organe der EWG/EAG sowie deren Aufgaben: Die Parlamentarische Versammlung, deren Abgeordnete von den nationalen Parlamenten entsandt werden, übt ein Beratungs- und Kontrollrecht aus. Die supranationalen Entscheidungen der EWG werden durch den Ministerrat getroffen, der aus den jeweils zuständigen nationalen Fachministern besteht. Zur Durchführung dieser Beschlüsse und zur Fortentwicklung der EWG wird die Kommission eingerichtet, für die jedes EWG-Land ein Mitglied benennt.

1960: European Free Trade Association (EFTA): In Stockholm unterzeichnen Dänemark, Norwegen, Österreich, Portugal, Schweden, die Schweiz und das Vereinigte Königreich das Übereinkommen zur Errichtung der Europäischen Freihandelsassoziation (EFTA).

1965: Fusionsvertrag: Der Vertrag über die Fusion der Exekutivorgane der drei Gemeinschaften (EGKS, EWG, Euratom) ("Fusionsvertrag") wird in Brüssel unterzeichnet. Er tritt am 1. Juli 1967 in Kraft.

1970: Werner-Plan: Plan zur Stufenweise Ausarbeitung einer Wirtschafts und Währungsunion (WWU). Rückgriff auf nationale Krisenbewältigungsstrategien verhindern die weitere Verwirklichung des "Werner Plans".

1973: 1. Erweiterung der EWG: Groß Britanien, Dänemark, Irland

1978: Schaffung des Europäischen Währungssystems (EWS) sowie einer Europäischen Währungseinheit (ECU)

1979: Erste allgemeine und unmittelbare Europawahlen zum Europäischen Parlament

1981: 2. Erweiterung der WEG um Griechenland.

1983: Europäischer Rat in Stuttgart: In Stuttgart, Deutschland, findet die Tagung des Europäischen Rates statt. Die Staats- bzw. Regierungschefs unterzeichnen eine Feierliche Erklärung zur Europäischen Union

1986: 3. Erweiterung der WEG um Portugal und Spanien

1986: Einheitliche Europäische Akte
Ziel: gemeinsam zu konkreten Fortschritten auf dem Wege zur EU beizutragen.
War eine wichtige Reform und Ergänzung der EG-Verfassung.

1988: cecchini-Bericht über die Kosten der Marktzersplitterung („The Cost of Non-Europe")
- Zur Ermittlung des wirtschftlichen Nutzen des europäischen Binnenmarktes.
- Basiert auf Unternehmensbefragungen
- Ergeben sich Wirtschaftswachstum um Wettbewerbsurteile auf lange Sicht

1988: Delors-Bericht: drei Stufen Plan zur Verwirklichung der Wirtschafts- und Währungsunion
1. Stufe: Kapitalverkehrsliberalisierung

2. Stufe: Koordinierung des Wirtschaftspolitik

3. Stufe: europäische Zentralbank soll über Geldwertstabilität wachen

1990: 1. Stufe des WWU tritt in Kraft

1992: Vertrag von Maastricht Die Außen- und Finanzminister der Mitgliedstaaten unterzeichnen in Maastricht den Vertrag über die Europäische Union.

- Gründung der Europäischen Union sowie der Wirtschafts- und Währungsunion
- Die bedeutesten und einschneidesten Änderungen der Gründungsverträge
- Säulenstruktur (3)
- Außen- und Sicherheitspolitik
- Innen- und Rechtspolitik
- Handeln supranational (gemeinschaftlich)

1993: Europäischer Rat in Kopenhagen: Beitrittsversprechen und Beitrittskriterien für die Osterweiterung der EU.

- Osterweiterung der EU
- (MDE- Staaten) mittel und osteuropäische Staaten
- Kopenhagener Kriterien: - wirtschaftliche und rechtlich-politische Voraussetzungen einer EU- Mitgliedschaft
- Müssen zum Zeitpunkt der Eröffnung der Beitrittsverhandlungen erfüllt sein
  o Demokratie
  o Funktionierende Marktwirtschaft
  o Übernahme aller Rechte
  o Reformfähigkeit
  o Einverständnis mit den Zielen der pol. Union und WWU

1994: 2. Stufe der WWU tritt in Kraft.

1995: 4. **Erweiterung der EU**: Österreich, Finnland, Schweden
Schengen Abkommen

- zwischenstaatliches Abkommen
- schrittweiser Abbau der (Grenz) Kontrollen an den Binnengrenzen
- SIS (Schengener Information System)
- Durchführungsabkommen

- Ziele: →keine Personenkontrollen

    → Visa

    →Asylverfahren
- politische Zusammenarbeit (SIS)
- das Abkommen wurde in der Rechtreform der EG überführt.

1995: Schengener Abkommen von 1985 tritt in Kraft.

Personenkontrollen wurden völlig abgebaut.

1997: Vertrag von Amsterdam Maastricht II: Revision des Eu-Vertrages
- neue Nummerierung im EG/EU-Vertrag
- Übernahme Teile des Schengen- Besitzstandes in 1 bzw. 3. Säulen des EUV
- Verstärkte Zusammenarbeit
- Stärkung des Europäischen Parlaments
- Abbau des sogenannten Demokartiedefizits

1999: 3. Stufe der WWU tritt in Kraft (start der WWU)

1999: Europäischer Rat in Berlin / Agenda 2000 (Reformrahmen für die EU)
- größere Chancengleichheit und bessere Lebensqualität
- Weitergabe der intakten Umwelt
→Interne Funktionsweise
→Heranführungsstrategie
→Auswirkungen

2000: Proklamation der **Charta der Menschenrechte der EU**

-Würde des Menschen (Präambel im EUR lesen!)

2001: Europäischer Rat in Nizza: Revision des Eu-Vertrages und

Verhandlungsfahrplan (vertrag von Nizza: Umfangreiche Veränderungen bei den institutionellen Regelungen der EU)
- Vorbereitung zur Erweiterung der EU in Richtung Mittel-, Ost- und Südeuropa
    o Europäisches Parlament
    o Europäische Kommission
    o Verstärkte Zusammenarbeit

- o EU- Gesetzgebung
- o Gewichtung der Stimmen

2002: Einführung des **Euro- Bargelds**

2002: Europäischer Rat in Kopenhagen: Abschluss der Beitrittsverhandlungen mit 10 Bewerberstaaten

2003:Europäischer Rat in Athen: Unterzeichnung der Beitrittsverträge für die erste Stufe der Osterweiterung.

2003: Verfassungsentwurf für die EU
Reformziel: Vereinfachung der Verträge mit dem Ziel der Ausarbeitung einer europäischen Verfassung.

3. Begriff und Rechtsquellen des Europarechts
3.1   Internationales Recht und Europarecht

Internationales Recht: auf dem Gebiet des Zivilrechts in erster Linie das internationale Privatrecht, also die Rechtsnormen, die über ein Land hinausgreifenden Tatbeständen die anwendbare Rechtsordnung bestimmen.
Darüber hinaus auch das supranationales Recht, d.h. die von übernationalen Instanzen (Supranationale Organisationen, Internationale Organisationen) für mehrere Staaten einheitlich (z.B. von der Organisation der EG) erlassen wird, gelegentlich auch Völkerrecht.
Schließlich auch das Recht, das durch Ratifikation vorher abgeschlossener Verträge in mehreren Staaten mit gleichem Wortlaut glt. (Recht der internationalen Verträge)

Europarecht: objektives Recht, das nur spezifisch im europäischen Raum gilt, d.h. die Summe der dort wirksamen, zwischenstaatlichen – nicht nationalen Normen.
Sammelbegriff, keine geschlossene Kodifikation (Zusammenfassung von Normen, die europaweit gelten.
Diese Normen sind meist Teil von internationalen Verträgen zwischen Staaten oder von Staaten mit einer internationalen Organisation, wie z.B. der EU.
Ein internationales Recht regelt die rechtlichen Beziehungen & Bindungen zwischen den europäischen Staaten und nicht die politischen.

3.2 Internationales Recht und nationales (deutsches) Recht

3.2.1 Internationale Verträge (Art. 59, 24 GG)

Der Bundespräsident vertritt den Bund völkerrechtlich und schließt Verträge mit auswärtigen im Namen des Bundes. Verträge, die politische Beziehungen des Bundes regeln oder sich auf Gegenstände der Bundesgesetzgebung beziehen, bedürfen der Mitwirkung/Zustimmung der jeweiligen für die Bundesgesetzgebung zuständigen Körperschaften in der Form des Bundesgesetzes.

3.2.2 Allgemeine Rechtsgrundsätze (Art. 25 GG)

Rechte die nirgendwo vertraglich festgelegt sind.

Arten:

- rechtsstaatliche Garantien des ordnungsgemäßen Verwaltungsverfahrens und der Rechtssetzung
- ein Teil der Grundrechte des Gemeinschaftsrechts

3.2.3 Völkergewohnheitsrecht (Art. 25 GG)

Die allgemeinen Regeln des Völkerrechts sind Bestandteil des Bundesrechts. Sie gehen den Gesetzen vor und erzeugen Rechte und Pflichten unmittelbar für die Bewohner des Bundesgebiets.

3.2.4 Recht der Europäischen Union (Art. 59, 23 GG)

3.3 Primäres und sekundäres Gemeinschaftsrecht

3.4 Exkurs: „Solange- Beschlüsse" des BverfG

Solange- Beschlüsse betreffen das Verhältnis zwischen GG und EG-Recht, wobei die Rangfrage vom Bundesverfassungsgericht bereits auch schon zuvor in einer Reihe von Entscheidungen erörtert worden ist.

4.Primärrechtliche Grundlagen der Europäischen Gemeinschaft

4.1. Europäische Gemeinschaft und Europäische Union

Europäische Gemeinschaft -> Union baut auf europäsche Gemeinschaft auf.

4.2 Aufgaben und Tätigkeiten der EG (Art. 1-4 EGV)

Tätigkeiten im EG Vertrag § 1

Ziele §2 (Umweltschutz, Hebung der Lebensqualität) ausgeführt und konkretisiert im Art4. (vgl. Artl4.)

Aufgaben:

- ein harmonische, ausgewogene und nachhaltige Entwicklung des Wirtschaftslebens
- hohes Beschäftigungsniveau
- hohes Maß an sozialen Schutz
- Gleichstellung von Männern und Frauen
- Beständiges, nicht inflationärs Wachstums
- Verwirklichung des Binnenmarktes §14

4.3.Prinzip der begrenzten Einzelermächtigung (Art. 5 EGV)

Einzelkompetenzprinzip: §5 Sekundäre Gemeinschaftsrecht können nur nach dem Verfahren 251,250 auf dem Weg gebracht werden wenn es ein Einzelkompetenzen Zuweisung gibt.

Subsidiaritätsprinzip ist zu beachten(§5): Subsidiaritätsgedanke muss von den Organen befolgt werden Subsidaritätsprinzip --> Kompetenzausübungsschranke--> schränkt die Kompetenzen der Europäischen Gemeinschaft ein.

Angemessenheitsprinzig: Welcher Rechtsakt wird nach Erforderlichkeitsprinzip gewählt?

4.4 Aufgaben und Pflichten der Mitgliedsstaaten.(Art. 10-11 EGV)

Europäische Gemeinschaft hat keine exekutive dies geschieht auf der Ebene der Mitgliedsstaaten (müssen sich dem Supranationalen Rechten unterworfen haben (art 10 - 11)

- Unterwerfung um Maßnahmen (→ Umsetzen um Rechtsakten) Pflicht zur Umsetzung (Satz 1)
- Erleichterung der Erfüllung ihrer Aufgaben

4.5. Unionsbürgerschaft (Art. 17-22 EGV)

zwingend an Staatsangehörigkeit der EG geknüpft. Aber

keine eigene Staatsangehörigkeit

Nur ergänzend nicht ersetzend

Aufgrund der Unionsbürgerschaft werden den Bürgern Ausprüche zugeordnet die in

Rechtspositionen den Staaten und den Staatsbürgern kommen §18,19 §20

- mit besonderen Rechten und Pflichten der Unionsmitgliedern
- ohne Staatsbürgerschaft keine Unionsbürgerschaft, aber ersetzt sich nicht.
- Rechte und Pflichten § 18,19,29,21,22 (Freizügigkeit, Wahlrecht, dipl. u. konsularischer Schutz)

Mit dem Vertrag über die EU wurde die Unionsbürgerschaft eingeführt. Die

Unionsbürgerschaft soll die nationale Staatsbürgerschaft nicht ersetzen, sondern

ergänzen. Jeder Bürger eines Mitgliedsstaates ist gleichzeitig auch Bürger der EU.

Die Unionsbürgerschaft bringt konkrete Rechte:

- Reise- und Aufenthaltsrecht
- Wahlrecht bei Kommunal- und Europaparlamentswahlen im Wohnsitz
- Diplomatischer Schutz durch die Botschaften anderer EU-Länder im Ausland (Art. 20 EGV)
- Petitionsrecht beim europäischen Parlament
- Recht auf Beschwerde beim Bürgerbeauftragten des europäischen Parlaments

4.6 Organe der Europäischen Gemeinschaft (art 7 EGV)

Das europäische Parlament:

- besteht aus den Volksvertretern
- übt die Befugnisse aus, die ihm nach Vertrag zustehen
- darf nicht die Anzahl von 700 Mitgliedern überschreiten

§189 EGV

§190 EGV → Zusammensetzung

§191 EGV → pol. Parteien

§192 EGV → Beteiligung an Gemeinschaftsakten

§197 EGV → Präsidium

§198 EGV → Beschlussfassung, -fähigkeit

§ 201 EGV→ Misstrauensantrag g.d. Kommission

3 Hauptfunktionsbereiche:

Politikgestaltungsfunktion

(Europäisches Parlament soll politische Aktivitäten mitbestimmen)

Systemgestaltungsfunktion (

soll das politische System(Verfassung) der EU weiterentwickeln)

- Kommunikativer Aspekt / Interaktionsfunktion

Die Organe und Institutionen der EU:

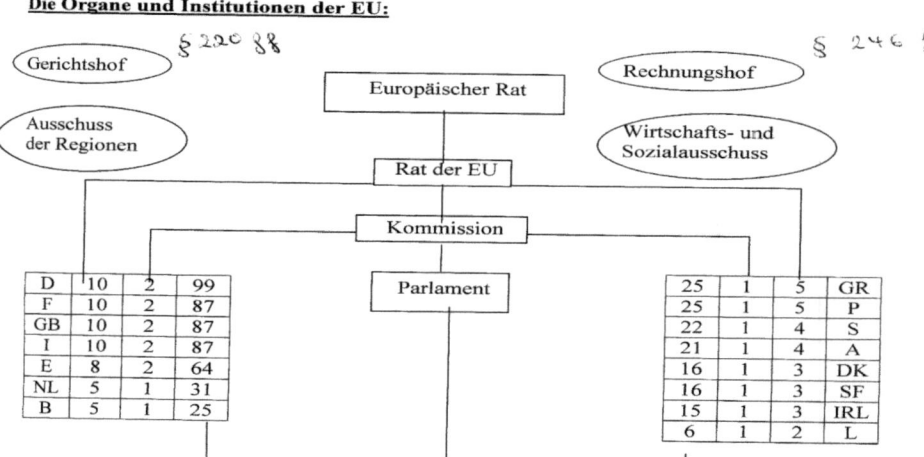

4.6.5

<u>Rechnungshof</u> → nimmt die Rechnungsprüfung vor; (Art. 246 EGV) § 246 - 248
     hat nichts mit der Aufstellung des Haushalts zu tun

Haushaltsaufstellung erfolgt durch die Kommission

<u>Parlament</u> → ist Kontrollorgan für die Kommission; (Art. 276 EGV)
    erteilt Entlastung;

Rechnungshof:
    15 Mitglieder (aus jedem Staat einer);
    kann nicht ausschließlich politisch besetzt werden, die eingesetzten
    Mitglieder müssen Rechnungsprüfungsorganen angehören / angehört
    haben und unabhängig sein;
    Amtsperiode: 6 Jahre;
    Präsident: 3 Jahre, Wiederwahl möglich;
    → prüft Einnahmen und Ausgaben der Gemeinschaft auf
    Übereinstimmung mit dem Haushaltsplan, die Rechtsmäßigkeit der
    Ausgaben und ihre Ordnungsmäßigkeit;

4.6.1. Europäisches Parlament (Art. 189-201 EGV)

- Politikgestaltungsfunktion
- Systemgestaltungsfunktion

- Interaktionsfunktion

4.6.2. Rat[Ministerrat] (Art. 202-210 EGV)

erläßt Verordnungen, Richtlinien & Entcheidungen. Auch Rat der europäischen Union genannt.

Aufgaben und Zusammensetzung

Der Rat koordiniert die allgemeine Wirtschaftspolitik der Mitgliedsstaaten, und er nimmt die abschließende Entscheidungsbefugnis im Rahmen der Gemeinschaftspolitik wahr. Außerdem schließt der Rat die völkerrechtlichen Verträge der EG ab, ernennt die Mitglieder des WSA und hat einige Rechte im Bereich des EG- Haushaltsrechts.

Rechte und Pflichten des Rates

Zur Verwirklichung der Ziele und nach Maßgabe dieses Vertrages

- sorgt der rat für die Abtsimmung der Wirtschaftspolitik der Mitgleidsstaaten;
- besitzt der Rat eine Entscheidungsbefugnis;
- überträgt der Rat der Kommission in den von ihm angenommenen Rechtsakten die Befugnisse zur Durchführung der Vorschriften , die er erläßt. Der Rat kann bestimmte Modalitäten für die Ausübung dieser Befugnisse festlegen. Er kann sich in spezifischen Fällen außerdem vorbehalten, Duchführungsbefugnisse selbst auszuüben. Die obengenannten Modalitäten müssen den Grundsätzen und Regeln entsprechen , die der Rat auf Vorschlag der Kommission und nach Stellungsnahme des Europäischen Parlaments vorher einstimmig festgelegt hat.

Zusammensetzung und Vorsitz

(1) Der Rat besteht aus je einem Vertretes jedes Mitgleidstaates auf Ministerebene, der befugt ist, für die Regierung des Mitgleidsstaaten vebindlich zu handeln.

(2) Der Vorsitz im Rat wird von den Mitgliedsstaaten nacheinander für je sechs Monate wahrgenommen; die Reihenfolge wird vom Rat einstimmig beschlossen.

Der Rat wird von seinem Präsidenten aus eigenem Entschluß oder auf Antrag eines seiner Mitglieder oder der Kommisssion einberufen.

4.6.3. Europäische Komission (Art. 211-219 EGV)

- Kontrollfunktion
- Intiativfunktion: Rechtsakte des sekundären Gemeinschaftsrechts auf dem Weg....
- Rechtsetzungsfunktion: aus eigenen Kompetenz
- Verwaltungsfuktion: das die Maßnahmen durchgesetzt werden

Hüterin der Verträge→ Kommission

Initiatorin der Gemeinschaftspolitik

Zusammensetzung: § 213

- volle Gewähr für ihre Unabhängigkeit (nicht Interessen der Mitgleidsstaaten, sondern die Interessen der EU)
- als Kollegium entscheidungsbefugt

Ernennung: §214

- Ministerrat → europäischer Rat benennt mit qualifizierter Mehrheit
- Bedarf Zustimmung des europäischen Parlaments
- Stellen sich als Kollegium einen Zustimmungsvotum des europäischen Parlaments
- Nach Zustimmung Ernennung

4.6.4 Europäischer Gerichtshof (Art. 220-245 EGV)

- Vertragsverletzungsverfahren
- Nichtigkeitsklagen
- Untätigkeitsklagen
- Vorabentscheidungen
- Streitsachen
- Schiedsverfahren
- Normenkontrollverfahren
- Rechtsmittelverfahren

Gerichtshof

- rechtssprechendes Organ
- sichert die Wahrung des Rechts bei der Auslegung und Anwendung der Verträge
- 6 Kommissionen mit je 3 bis 7 Richtern
- wir unterstützt durch das Gericht erster Instanz

- Generalanwälte unterstützen den Gerichtshof

Gericht erster Instanz

- zweite Ebene der Gerichtsbarkeit
- Hauptaufgabe: die einheitliche Auslegung des EU-Rechts
- Besserer Schutz der rechtlichen Interessen des einzelnen Bürger
- § 234-338

unterschiedliche Klagearten/Rechtsverfahren

4.6.5. Europäicher Rechnungshof (Art. 246-248 EGV)

nimmt die Rechnungsprüfung vor ; hat nichts mit der Aufstellung des Haushalts zu tun.

(1) Der Rechnungshof prüft die Rechnung über alle Einnahmen und Ausgaben der Gemeinschaft. Er prüft ebenfalls die Rechnung über alle Einnahmen und Ausgaben jeder von der Gemeinschaft geschaffenen Einrichtung, soweit der Gründungsakt dies nicht ausschließt.

Der Rechnungshof legt dem Europäischen Parlament und dem Rat eine Erklärng über die Zuverlässigkeit der Rechnungsführung sowie die Rechtsmäßigleit und Orndungsmäßigkeit der zugrundeliegenden Vorgänge vor, die im Amtsblatt der Europäischen Gemenschaft veröffentliht wird.

(2) Der Rechnungshof prüft die Rechtmäßigkeit und Ordnungsgemäßheit der Einnahmen und Ausgaben und Überzeugt sich von der Wirtschaftlichkeit der Haushaltsführung.

4.6.6. Wirtschafts- und Sozialausschuss (Art. 257-262 EGV)

Besteht aus 222 Vertretern repräsentativer wirtschaftlicher und gesellschaftlicher Gruppen wie Arbeitnehmer, Handwerker, Kleinunternehmer, Verbraucher, etc.

Aufgaben: sind rein beratender Natur.

4.6.7. Ausschuss der Regionen (Art. 263-267 EGV)

4.7. Rechtsakte des sekundären Gemeinschaftsrechts (Art. 249, 253-255 EGV)

4.7.1. Verordnungen

allgemeine Geltung, gilt unmittelbar, die Verordnung ist nicht umsetzbar

gilt unmittelbar und ist in allen Teilen verbindlich

4.7.2. Richtlinien

für jedes Mitgliedstaat

unverbindlich, muss in nationales Recht umgesetzt werden

4.7.3. Entscheidungen

für den Empfänger in allen Teilen verbindlich, kann sich auch an einzelne Unternehmen richten

4.7.4. Empfehlungen

unverbindliche Äußerung, Handlungsempfehlung

4.7.5. Stellungnahmen

unverbindliche Äußerung

4.8. Verfahren der Rechtsetzung [Entscheidungsverfahren]

Wirken auf das europäische Parlament ein

4.8.1.Konsultationsverfahren [Anhörungsverfahren] (EGV)

Anhörungsverfahren:
(Art. 13, 22 II, 37 II, 51 I, 67 I, 83, 89, 93, 128 II, 133 V, 137 III, 172, 175 II EGV)

- kommt zur Anwendung, wenn nichts anderes vorgegeben
- Arbeitsteilung zwischen Kommission und Rat

Kommission schlägt vor → Rat beschließt

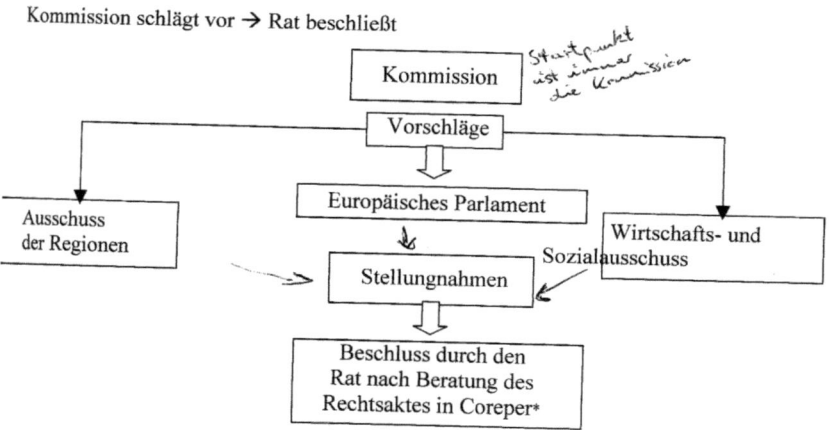

* Ausschuss der ständigen
Vertreter der Regionen
der Mitgliedsstaaten

4.8.2.Kooperationsverfahren [Zusammenarbeitsverfahren] (Art. 252 EGV)

Zusammenarbeitsverfahren:

- baut auf Anhörungsverfahren auf
- gilt nur noch in Bereichen der WWU
- Rechtsakt wird 2 mal im Europäischen Parlament diskutiert

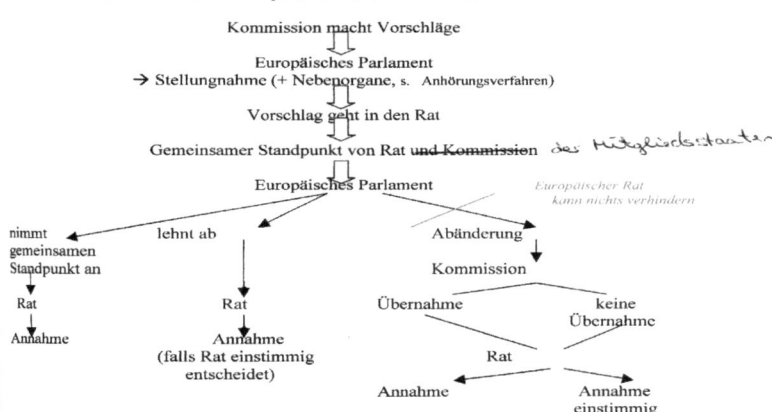

4.8.3.Kodezisionsverfahren [Mitentscheidungsverfahren] (Art. 251 EGV)

Mitentscheidungsverfahren:
(Art. 251 EGV) — durch den Vertrag v. Maastrich, Amsterdam u. Nizza eingeführt

- Erweiterung des Zusammenarbeitsverfahrens
- Sonderfälle: Europäisches Parlament hat die Möglichkeit Rechtsakt zu verhindern => Waffengleichheit zwischen Hauptorganen

- Rechtsakt kann schon nach Stellungnahme des Europäischen Parlamentes (+ Nebenorgan) und Zustimmung des Rat der EU verabschiedet werden

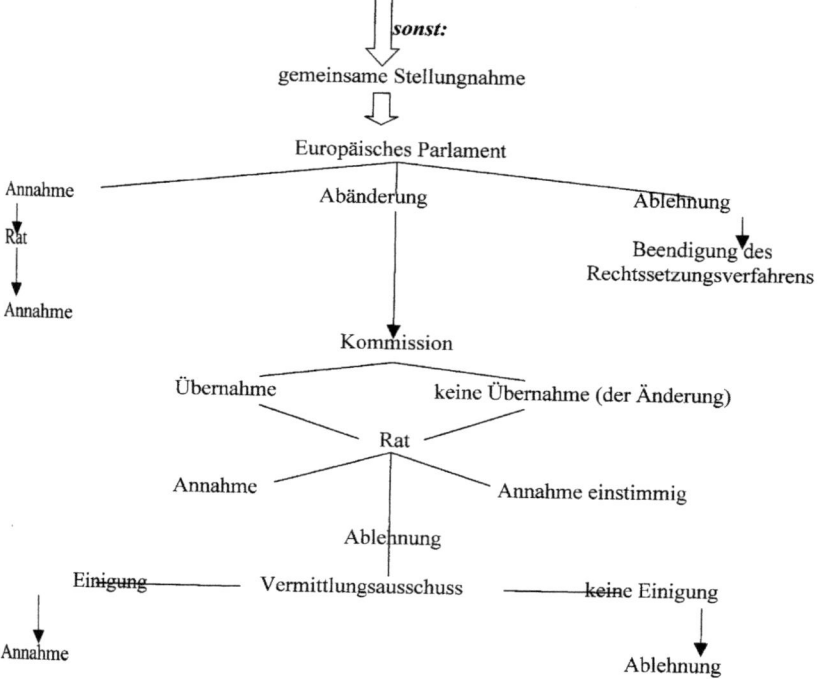

4.8.4.Zustimmungsverfahren (EGV)

die stärkste Form der Beteiligung des Europäischen Parlamentes bei der Rechtssetzung Entscheidend: An dem Verfahren selbst ist das Parlament nicht beteiligt

Ist sehr kurz;

Zustimmung des Europäischen Parlamentes ist erforderlich für den Rechtsakt Vorgesehen für:

• • Beitritt von Staaten zur EU (Art. 31 ;UV) Abschluss von Assoziierungsabkommen mit Drittstaaten (Art. 300 EGV)

••Änderung der EZB-Satzung (Art. 10? V EGV)

Anhörungsverfahren
- Komission schlägt vor
- Europäisches Parlament gibt Stellungsnahme ab
- Rat entscheidet

Zusammenarbeitsverfahren
- Europäisches Parlamnet und Rat arbeiten zusammen
- Ministerrat hat letztes Wort

Mitentscheidungsverfahren
- Europäisches Parlament und Rat arbeiten zusammen
- Bei Ablehnung → Vermittlungsausschuss
- Keine Entscheidung→ Europäisches Parlament hat Vetorecht

5. Binnenmarkt - Zentraler Baustein Europas

Art. 3 EWG

a) Abschaffung der Zölle und regelmäßige Beschränkungen bei Ein- und Ausfuhr (nach 1957)

b) Das Verbot von Zöllen (nach Vertrag von Nizza)

Abgrenzung zum Gemeinsamen Markt

bildet die Vorstufe für einen Raum ohne Binnengrenzen (Binnenmarkt) zwischen Binnenmarkt und Gemeinsamen Markt bestehen keine wesentliche inhaltliche Unterschiede

5.1.Marktintegration als Mittel europäischer Politik (Art. 2 u. 14 EGV)

5.2 Formen regionaler Marktintegration

Präferenzen (für bestimmte Produktgruppen der bevorzugten Länder)

Freihandelszone (Zollfreiheit innerhalb, Außenzölle jedoch unterschiedlich)

Zollunion (keine Binnenzölle, gemeinsame Außenzölle, Verteilung der Zolleinnahmen auf die Mitglieder)

Gemeinsamer Markt (freier Handel von Gütern und Dienstleistungen, Faktormobilität)

Binnenmarkt (Gemeinsamer Markt mit höherer Qualität, keine Grenzkontrollen, Einheitlichkeit der Produktionsbedingungen)

Wirtschaftsunion (Koordinierung und Harmonisierung der Wirtschaftspolitik)

Währungsunion (feste Wechselkurse, Freiheit im Kapitalverkehr)

5.3 Vorteilhaftigkeit des Freihandels

Freihandel: Verzicht auf alle Maßnahmen staatlicher Außenhandelspolitik

Protekionismus: Gesamtheit von Maßnahmen staatlicher Außenhandelspolitik zum Schutz der inländischen Unternehmen.

5.3.1 Theorie der komparativer Kostenvorteile

kann sich für 2 Länder lohnen, Güterproduktion dem anderen

wenn ein Land (A) in der gesamten Land (B) - gemessen an den Arbeitskosten -

	Land A	Land B
1 Auto	40000 AK	66000 AK
1 Turbine	50000 AK	54000 AK
Kosten	90000 AK	1200000 AK
Handel		
	80000 AK	Autoimport
Kosten mit Handel	Turbinenimport	108000 AK
Kostenvort	10000 AK	12000 AK

5.3.2 Lokomotiventheorie

Inland - BIP: $BIP_i = C_i + I_i + (EX_i - IM_i)$

Import des Inlands: $Im_i = Im_{ia,t} + (mi_i * BIP_i)$

Ausland - BIP : $BIP_a = C_a + I_a + (Ex_a - Im_a)$

Import des Auslands: $Im_a = Im_{aaut} + (mi_a * BIP_i)$

Wachstumsimpulse z. B. höherer Konsum

1. (C_i + \ C_i) + I_i + (EX - IM)   (BIP; + \BIP;)

2. $Im_{,aut} + (mi_i * [BIP_i + \backslash BIP_i])$ $(Im_i + :1lm_i)$

3. $C_a + l_a + ([Ex_i + .\backslash Im_i] - Im_i)$ $(BIP_a + \backslash BIP_i)$

4. $Im_{aaut} + (mi_a * [BIP_a + .'1BIP_a])$ $(Im_a + 11m,)$

5. $C_i + I_i + (EX + vIm_i) - Im_i$ $(BIP_i + \backslash BIP_i)$

5.4 Binnenmarktprogramm der EG („Weißbuch" der Kommission)

Zentrales Ziel der E(W)G war und ist die Einrichtung eines gemeinsamen Marktes (Binnenmarkt).Dieses Ziel wurde durch den Vertrag von Maastricht und der Wirtschafts- und Währungsunion – Art. 98 ff EGV- erweitert (Art. 2 EGV). Die Tätigkeit der Gemeinschaft zur Errichtung des europäischen Binnenmarktes werden in Art. 3 EGV – insbesondere unter Beachtung der Zeitfolge des Art. 14 EGV – näher konkretisiert.

Die 4 Grundfreiheiten des Binnenmarktes:
- **Freier Warenverkehr (Art. 23 ff EGV)**
  - o Wegfall von Grenzkontrollen
  - o Harmonisierung und gegenseitige Anerkennung von Normen und Vorschriften
  - o Steuerharmonisierung
- **Freier Personenverkehr (Art. 29 ff EGV)**
  - o Wegfall der Grenzkontrollen
  - o Harmonisierung der Gesetze
  - o Niederlassungs- und Beschäftigungsfreiheit
  - o Verstärkte Außenkontrollen
- **Freier Dienstleistungsverkehr (Art. 49 ff EGV)**
  - o Liberalisierung der Finanzdienste
  - o Harmonisierung der Banken- und Versicherungsaufsicht
  - o Öffnung der Transport- und Telekommunikationsmärkte
- **Freier Kapital- und Zahlungsverkehr (Art. 56 ff EGV)**
  - o Mehr Freizügigkeit für Geld – und Kapitalbewegungen
  - o Schritte zu einem gemeinsamen Markt für Finanzleistungen
  - o Liberalisierung des Wertpapierverkehrs

Im Grundsatz konstituiert die Gemeinschaft ein **„ System der offenen Märkte"** (art. 4 I EGV), jedoch zeigt die Realität, dass es (noch) in vielen Politikbereichen (z.B. in der Landwirtschafts-, Industrie-, Technologiepolitik) eine Vielzahl von Einschränkungen gibt.

5.5 Freier Warenverkehr(Art. 23-31 EGV)

5.5.1. (Mögliche) Ökonomische Effekte einer Zollunion

5.5.2. Effekt der Handelsumlenkung

Handelslenkungseffekt: Waren aus Drittländern werden aufgrund einer Verschiebung der Preisrelation infolge des Wegfalls der Binnenzölle relativ teuer.

5.5.1.2. Effekt der Handelsschaffung

Handelsschaffungseffekt: Inlandspreise der Importgüter sinken, somit steigt die Inlandsnachfrage

5.5.1.3. Terms-of-Trade-Effekt

Terms of Trade:

- die Erhebung eines Außenzolls verbessern die ToT
- - geben - als außenwirtschaftlicher Indikator - das reale Außenverhältnis zwischen einer VW und dem Ausland an:

ToT = Export-Preis(index)

Import-Preis(index)

5.5.1.4. Produktionseffekt

Produktionseffekt:

- durch die verbesserte Ausnutzung der Produktionsfaktoren lassen sich innerhalb der Zollunion Kostenminderungen und Produktivitätsteigerungen realisieren
- Sinken der Stückkosten durch das Wirken der „economies of scale"(Stückkostendegression)

5.5.1.5. Wettbewerbseffekt

Wettbewerbseffekt: - Ziel der Zollunion ist regelmäßig die Intensivierung des Wettbewerbs durch ein Anwachsen der Zahl der Konkurrenten infolge der Beseitigung der zolltarifären Handelhemmnisse zwischen den Mitgliedstaaten

5.5.1.6. Konsumeffekt

Konsumeffekt:

- Veränderung der Konsumgüter-Nachfrage durch ein Veränderung der Preise zwischen Import- und Exportgütern

5.5.1.7. Wachstumseffekt

-höheres wirtschaftliches Wachstum der Mitgliedsländer durch das höhere Handelsvolumen innerhalb der Zollunion.

5.5.1.8. Wohlfahrtseffekt

- Umlenken der Handelströme

5.5.1.9. Verteilungseffekt

 -Ausgleich regionaler Umgleichgewichte

5.5.2.Mengenmäßige Einfuhrbestimmungen §28 EGV

Mengenmäßige (Kontingentierungen)

5.5.3 Maßnahmen gleicher Wirkung

Bsp: Absatzverbote

Vorschriften für Aufmachung, Verpackung etc. Aber: Ausnahmeregelungen §30

5.5.3.1. Dassonville-Rechtsprechung des EuGH

5.5.3.2. Cassis-de-Dijon-Rechtsprechung des EuGH

Nach der Cassis- Formel dürfen grundsätzlich alle Waren, die in einem Mitgliedsstaat rechtsmäßig hergestellt und in den Verkehr gebracht wurden, in allen anderen Mitgliedsstaaten eingeführt und vertrieben werden.

5.5.3.3. Keck-Rechtsprechung des EuGH

5.6 Freier Personenverkehr

5.6.1.   Arbeitnehmerfreizügigkeit (Art. 39-42 EGV)

§39 Freizügigkeit der Arbeitnehmer

Regelungsgehalt: Gebot der Gleichbehandlung von Inländern Recht auf Ausübung der Beschäftigung Rechte der Familienangehörigen

§42 Sicherstellung sozialer Leistungen

5.6.2.   Niederlassungsfreiheit (Art. 43-48 EGV)

Die Beschränkung der freine Niederlassung von Staatsangehörigen eines Mitgliedsstaates sind nach Maßgabe der folgenden Bestimmungen verboten. Das gleiche gilt für Beschränkungen der Gründung von Agenturen, Zweigniederlassungen oder Tochtergesellschaften durch Angehörige eines Mitgliedsstaates, die im Hoheitsgebiet eines Mitgleidsstaates ansässig sind.

5.7 Freier Dienstleistungsverkehr §49-55 EGV

Formulierung der Dienstleistungen als Auffangtatbestand!

§50 Diskriminierungsverbot Niederlassungsfreiheit: freie Wahl des **Standorts**

5.7.1.   Formen der Dienstleistungsfreiheit

Recht, im Ausland Dienstleistungen anzubieten und zu erbringen. Geschützt sind auch Begleitrechte.

5.7.2.   Dienstleistungsfreiheit als Auffangtatbestand
5.7.3.   Dienstleistungsfreiheit und Niederlassungsfreiheit

5.8 Freier Kapital- und Zahlungsverkehr (Art. 56-60 EGV)

5.8.1. Kapitalverkehr

§56 : Kapitalverkehr zwischen den Mitgliedstaaten sowie zwischen den Mitgliedsstaaten und dritten Ländern verboten

Ausnahmen: §57 - 60 Direktinvestionene Gewährung
               von Krediten, Brügschaften
               Immobilienerwerb

5.8.2. Zahlungsverkehr

§56 Abs2: Zahlungsverkehr zwischen den Mitgliedstaaten sowie zwischen den Mitgliedsstaaten und dritten Ländern verboten

5.8. Erfolge der Binnenmarktpolitik der EG/EU

Die Gemeinschaft trifft die erforderlichen Maßnahmen, um bis zum 31. Dezember 1992... den Binnenmarkt schrittweise zu verwirlichen.

Der Binnenmarkt umfasst einen Raum ohne Binnengrenzen, in dem der freie Verkehr von Waren, Personen, Dienstleistungen und Kapital gemäß den Bestimmungen dieses Vertrages gewährleistet ist.

Der Rat legt mit qualifizierter Mehrheit auf Vorschlag der Kommission die Leitlinien und Bedingungen fest, die erforderlich sich, um in allen betroffenen Sektoren einen ausgewogenen Fortschritt zu gewährleisten.